LEER EN ESPAÑOL. PRIMEROS LECTORES   NIVEL

Topo en el mar

Los ojos de Topo son muy pequeños.
No ve bien. Topo está triste.

Gaviota trabaja. ¡Mira! ¡Unas gafas!

Topo tiene ya gafas.
¡Gracias, Gaviota!

—¡Puedo ver! —dice Topo.

Topo está muy contento.
Puede ver el jardín, la puesta de sol...

Topo tiene un libro.
¡Gracias, Gaviota!

¡Mira! ¡Es el mar!

—¡Vacaciones! —dice Topo.
—¡Al mar! —dice Gaviota.

Topo está en el mar. Gaviota tiene unas gafas de sol y una cámara de fotos para Topo. ¡Gracias, Gaviota!

Topo está en la playa con sus nuevos amigos, Cangrejo y Frailecillo.
¡Hace calor!

¿Qué es eso?

Es un castillo de arena.
Un bonito castillo de arena.

Uno, tres, seis, siete, ocho,
dos, cuatro, cinco, nueve,
diez,
once,
doce,

trece, dieciséis,
catorce, quince,
diecisiete, dieciocho, diecinueve, veinte.

¡Voy!

Topo y sus amigos están en la feria.
¡Es divertido!

Topo está en el Túnel Fantasma.
Está muy contento.

Topo está en el fondo del mar con los peces y los caballitos de mar.

Encuentra una perla muy bonita.

—¡Adiós! ¡Adiós, mar!
¡Adiós, amigos!

—Vamos a casa —dice Gaviota.

Topo tiene una buena idea.

¡Hola! ¡Vacaciones en el campo!

Pictodiccionario

Pictodiccionario

el jardín el mar la perla

el pez la playa la puesta de sol

el topo el Túnel Fantasma las vacaciones